소리 · 열둘

진·선·미와 탐·진·치

말한이 활성 | 엮은이 김용호

고요한소리

일러두기

이 책은 활성 스님께서 2005년 3월 20일, 2008년 8월 30일 〈고요한소리〉
남원 역경원에서 하신 법문을 김용호 박사가 엮어 정리하였다.

차 례

상대적인 것의 절대화 ——————————— 8

떼어서 본 미美 ——————————— 14

떼어서 본 선善 ——————————— 21

떼어서 본 진眞 ——————————— 29

진·선·미와 탐·진·치貪瞋癡 ——————————— 40

계·정·혜戒定慧로 접근 ——————————— 44

중도中道로 진·선·미 구족 ——————————— 56

오늘은 우리가 향상하는 데 필요한 가치관에 대해서 한 번 생각해 보려고 합니다. 잘 알다시피 우리나라 미인대회에서 최고의 미인을 뽑을 때 '진·선·미眞善美' 순으로 선발하지요? 그런데 왜 진·선·미라고 할까요? 왜 진이 제일 앞에 나오고, 그 다음에 선이 있고, 그 다음에 미가 있을까요?

여기에는 우리의 가치관 혹은 기대나 동경의 서열이 담겨 있는 것 같습니다. 진과 선과 미를 같은 부류로 취급했기 때문에 1, 2, 3으로 서열을 매겨놓은 것이겠지요. 그런데 과연 진이라는 것을 선이나 미와 짝하여 같은 행렬에 놓을 수 있는 것인지 생각해 보고 넘어가야 하겠습니다.

우선 우리의 가치관 형성과 직결되는 교육을 살펴봅시다. 교육을 하는 데에는 본질적으로 어떤 가치를 선양하고, 그 가치를 더욱 심화 발전시켜서 높은 문화를 이루고 자자손손 유지 발전시켜 나가자는 뜻이 있습니다. 그래서 교육에는 반드시 가치가 전제됩니다.

그런데 오늘날 우리가 추구하고 있는 교육의 가치는 무엇일까요? 동·서양을 막론하고 가장 보편적으로 인정받는 가치가 진·선·미라고 생각합니다. 진·선·미를 지고한 가치로 놓고 그것을 추구해서 구현하는 것, 이것이 오늘날 우리가 이상으로 생각하는 교육의 명분상 목표라고 봅니다. 진·선·미를 두루 갖추어서 완벽하게 구족하도록 하는 것이지요. '구족'이라는 말은 불교에서 많이 쓰는데, 그 셋 중에서 어느 하나가 빠져서는 나머지 둘도 제대로 구실을 하지 못한다는 뜻입니다. 따라서 반드시 진·선·미 세 가지 모두 골고루 갖추어야 합니다. 그것도 충분하고 완벽에 가깝도록 골고루 갖추어야 한다는 뜻이지요. 참되고 선하고 또 아름답고! 얼마나 좋습니까? 그렇게 인류가 발견해 낸 위대한 가

치인 진·선·미를 구현하려면 진실로 '진·선·미를 구족'
해야 하는데 실제로는 독립된 분야들로 분리해 가르치
고 있지요. 게다가 오늘날 서양 문화의 근간이 되는 교
육 제도가 대부분 알음알이를 개발시키는 데 집중되
어 있습니다. 우리 교육 현실도 다르지 않습니다. 그렇
다 보니 진·선·미를 두루 구족하기는 매우 어려운 상황
이지요. 먼저 진·선·미가 따로 분리된 현실의 문제점부
터 생각해 봅시다.

상대적인 것의 절대화

진眞은 '참 진'으로서 거짓이 아닌 진실한 것, 즉 진리와 통하겠고, 선善은 착하다는 뜻으로 나쁘지 않은 것, 악하지 않은 것이겠고, 미美는 '아름다울 미'니까 추하지 않은 것, 균형을 상실하지 않은 것이 되겠습니다. 사전에는 진은 인식상의 문제이고, 선은 도덕상의 문제이고, 미는 심미상의 문제라고 되어 있더군요.

그런데 여기서 하나의 문제가 발견됩니다. 예컨대 미美를 봅시다. '아름답다'는 것은 그야말로 주관적입니다. 똑같은 것을 보고도 '별로 아름답지 못하다.'고 할 수도 있어요. 우리 감정이나 기분에 따라 얼마든지 미추가 바뀔 수 있는 것이지요. 그러니까 미는 상대적인 개념입니다. 이렇게 상대적인 미이지만 진·선과 함께 조화를 이루면 이상적이겠지요. 그런데 미 하나만 따로 추구하게 되면 상당히 많은 문제가 생길 수 있습니다.

선善, 참 좋은 말입니다. '착하다, 어질다, 선량하다, 양심적이다' 다 좋은 말입니다. 그러나 선 역시 상대적인 개념입니다. '그 사람은 비교적 선하다.'든가 또는 '그 사람은 어떤 때 어떤 행위를 하는 것을 보니까 참 선한데, 다른 때 어떤 행위를 하는 것을 보니까 선하지 않다.' 이런 경우가 있을 수 있습니다. 더욱이 대개는 판단하는 사람에게 이로울 때 '선'하다고 판단하게 됩니다. '그 사람은 나에게 잘해 준다, 그 사람 참 선한 사람이야.'라고 하다가 같은 사람이 나에게 조금 섭섭하게 대한다면 '그 사람 나쁜 사람이야.'라고 합니다. 그처럼 선이라는 것 역시 상대적 범주를 벗어나지 못합니다. 그렇다 보니 과연 이런 상대적인 선 개념으로써 절대적 선이 실현될 수 있을지, 선을 진과 따로 떼어도 그 선한 면모를 계속 드러낼 수 있을지, 하는 문제가 있습니다.

반면 진眞은 한정 어구의 성격이 강합니다. '진실하게 살아라', '진실로 아프다' 혹은 '진실로 아름답다'에서처럼 형용 수식어로 많이 사용합니다. 이렇게 사용되기는 하지만, '진, 진실, 진실로' 같은 말들은 상대적인 의미로 쓰는 선이나 미와 더불어 같은 선상에 놓을 수 있는 성질이 아닙니다. 그래서 진을 선이나 미와 나란히 놓거나 서열화하는 것은 문제가 있어 보입니다.

물론 서양 역사를 돌아보면 진을 제일 앞에 놓으려는 간절한 기대는 읽을 수 있습니다. 그렇지만 기독교가 애당초 기본 가치관으로 선정한 주제는 선이지요. 예를 들면 아담과 이브가 에덴동산에서 왜 쫓겨났습니까? 선악과를 먹은 죄로 쫓겨난 겁니다. 그 내용은 차치해 두고 선악이 그네들의 가장 중요한 관심사라는 것은 분명히 드러나지요. 기독교는 출발점에서부터 선악의 문제를 중심으로 삼았습니다.

그런 반면 그리스문화는 그렇게 선악 문제에 치중하지 않았습니다. 오히려 철학을 중심으로 해서 진가眞假의 문제를 깊이 탐구했지요. 그러나 로마시대 이후 기독교가 서양의 종교로 군림하면서 선악은 서양의 모든 가치관에 절대적 영향을 미쳤습니다. 오늘날 서양이 주도하는 세계는 선악을 기본 축으로 삼는 가치관에 지배를 당한다고 할 수 있습니다.

이렇듯 선악이 상대적인 것인데, 이 상대적인 가치를 절대 가치인 양 최고 자리에 앉혀놓고 그것에 의해서 지배당한다는 것은 굉장히 심각한 문제입니다. 그것이 오늘날 서양 문화의 가장 큰 맹점이 될 수도 있지 않을까 합니다. 선악이 항구 불변한 기본 가치로서 군림할 만큼 절대적인 면이 있다면 모르지만 도저히 그럴 수가 없는 것인데 말입니다. 자기에게 이로우면 선하고 자기에게 해로우면 악인데, 그러면 모두가 다 자기 욕심에 따라 자기중심으로 선악을 판단하게 되겠지요. 그러다 보면 무한 경쟁과 투쟁을 불러들일 위험이 큽니다.

그런 점에서 저는 진·선·미를 일단 이렇게 정리해 보았습니다.

진·선·미가 함께 다 어울려서 균형 있게 조화될 때, 그건 정말 좋은 것이다. 그러나 따로따로 떨어지면 우리를 극단으로 몰아버려서 오히려 나쁜 것이 될 수도 있다.

실제로 인류 역사에는 진선미가 나쁜 방향으로 흘

러가버린 흔적이 많이 눈에 뜨입니다.

떼어서 본 미美

먼저 미美를 보면, 이 '미'가 진·선과 자리를 나란히 할 수 있는 가치인지조차 의문스럽습니다. 차라리 미보다는 '균형, 조화'라고 하면 모르겠는데, '아름다움'이라고 독립시켜 추상화해 놓으니까 그것이 세상을 극단으로 몰아갑니다. 단적인 예가 미인대회지요. 아름다움을 놓고 경쟁을 합니다. 또한 아름다움을 추구하는 것이 관광이나 여행 상품이 됩니다. 미가 독자적인 가치가 되면 인간을 경쟁으로 몰아넣는 경향이 강하다는 것입니다.

왜 사람이 경쟁을 하게 되는가? 그것은 보다 아름답고, 보다 능률적이고, 보다 많고, 보다 강한 것을 추구하는 본능 때문이겠지요. 그것을 충동질할 수 있는 것 중 하나가 '미'라는 가치입니다. '많거나 강한 것'이 아름답다고 생각하기 쉬운데 이러한 미의 관념은 탐욕심을 충동질하게 됩니다. 미는 좋은 덕목이긴 한데 인간을 경쟁으로 몰아넣는 그 본질적 성격 때문에 긍정적으로 기능하기보다는 역기능을 하는 수가 오히려 많습니다. 결국 미가 진, 선과 어울리지 못하면 보편적 가치로서의 기반을 상실한다는 것입니다.

사고파는 시장市場은 미와 가장 깊이 연관된 분야입니다. 어떤 사람이 성자이고 진실하고 착하다고 해서 그분이 높은 값으로 평가되는 일이 있습니까? 그분은 착할 따름이지 시장과는 아무 인연도 없습니다. 오히려 시장이 경원시하는 대상이지요.

진정으로 창의적인 예술품은 값을 매길 수 없지요. 머리를 싸매고 창작 능력을 발휘해서 시나리오를 쓴

작가에 비하면 얼굴 잘 생긴 배우들이 돈을 훨씬 많이 받는다는 말입니다. 할리우드가 그런 기준으로 온 세상을 시장 사회로 몰아넣는 데 큰 역할을 했지요.

오래된 서부극에 게리 쿠퍼니 존 웨인이니 하는 잘생긴 남자배우가 나왔는데요, 그때 놀란 건 그 배우의 모습이 아니라, 그 배우가 받는 출연료였습니다. '백만 불의 사나이'라고 하더군요. '백만 불' 하면 백만장자처럼 까마득한 이야긴데, 그 배우가 영화 한 편의 주연으로 백만 불을 받는다는 겁니다. 얼마나 충격적인 이야기입니까? 그 때문에 '백만 불의 사나이'란 말을 입에 많이 올렸지요.

이처럼 떼어서 보면 '미'라는 것은 그렇게 높은 가격과 연관될 수 있는 측면이 있습니다. 왜? '경쟁'이 되니까요. 남보다 잘생기고 연기를 잘하고 남보다 매력 있으면 돈을 벌어요. 시장이란 이런 식으로 서로 경쟁을 시키고 사람을 사들이고, 그렇게 값을 올렸다가 쓸모 없으면 폐기해 버리면서 팽팽 돌아가지요. 그것이 시장입니다.

우리의 교육 현실이나 대학을 포함한 지성 사회를 보아도 대체로 진과 선은 어디로 갔는지 행방불명이고, 남아 있는 건 '미'뿐이라 할 수 있는 실정입니다. 우리는 자식 교육에 물질적으로 열성을 다하면서도 정신적으로는 가치 있는 말을 제대로 못 하는 무력한 세대입니다. 여러분 '교육, 교육' 하지만 자식들에게 가치 있는 정신교육 시킵니까? 교육 내용은 시장에 맡겨놓고 그저 그 시장에서 공부할 수 있는 경제적 조건이나 만들어주려고 죽기 살기로 애쓰는 것 아닙니까? 그래서 소위 일류대학 가면 무조건 좋은 교육이고, 거기서 무슨 내용을 가르치는지는 알 바 아니라는 식입니다.

가장 열심히 교육을 하면서도 사실상 '교육'을 방기

하고 있는 게 우리들입니다. 우리가 자식들을 그렇게 열심히 교육시키는 건 어떤 가치를 추구해서인가? 알음알이 교육에 치우친 우리가 과연 가치를 가르치는 진정한 교육을 하고 있는가? 그것을 생각하지 않으면 그 과보가 바로 우리에게 돌아옵니다. 자칫 자식들이 그렇게 헌신적으로 노력한 부모를 오히려 무시하고 경멸하기 쉬워요. 부모를 존경하려고 해도 존경할 만한 측면을 발견하지 못하니까요. 예컨대 컴퓨터나 게임 같은 건 그런 경향을 더욱 조장시키잖아요. 예전에 지식은 나이와 병행해서 늘어났는데 컴퓨터가 들어서면서 정반대가 됐어요. 아이들이 더 잘하고 어른은 잘하지 못하거든요. 아이들 눈에 어른들의 지식은 물론 내세우는 가치가 그야말로 초라해져 버렸지요.

어른들이 컴퓨터 못 하는 것까지는 괜찮지만 존경할만한 기본적 가치관은 지니고 있어야 하지 않겠습니까. 그런데 그것이 없어요. 그러니까 자신이 없지요. 요즈음 부모들은 아이들 보고 '거짓말하지 마라, 정직하라.'는 말 잘 못합니다. '정직해서는 이 사회에서 손해 본다, 경쟁에 뒤진다.'는 관념이 꽉 차서 아이들한테 정직하란 말 잘 못합니다. 오히려 '눈치 빠르게 요령껏 해라.', 이런 식으로 가르치는 형편이지요.

가르칠 내용이 없다는 사실을 감추기 위해 부모는 '내가 이렇게 애를 쓴다, 좀 알아다오.' 그 말밖에 못합니다. 실은 부모들이 자식하고 대화를 피하기까지 합니다. 대화할 게 뭐 있어야지요. '야, 나 바쁘니까 너는 학원, 피아노 강습소 가라.' 하고 밖으로 몰아버리지요. 그렇지 않으면 집안에서 온가족이 텔레비전이나 멍하니 쳐다보고 앉아 있습니다.

부모가 자식을 정면으로 볼 자신이 없는 겁니다. 그러면서 말은 '요사이 아이들이 부모 말 안 듣고 제멋대로 논다.'라며 아이 탓을 합니다. 자신이 없어 자식을 바로 가르치지 못하고 뭔가 핑계를 대서 피해 버려요. 피하는 삶입니다. 좀 가혹한 말일 수 있지만 제대로 된 가치관을 가지기는커녕 경쟁을 부추기는 미의 가치에 지배되어버린 것이 우리 사회의 모습입니다. 진정한 가치를 갖지 못한 채 경쟁에 내몰리는 것이 우리의 현실입니다. 떼어서 본 미美는 이렇게 시장과 연결되어 경쟁이라는 폐단을 낳고 있습니다.

떼어서 본 선善

그러면 선善이라는 가치를 따로 추구하면 어떤 모습이 될까요? 역사적으로 대표적인 것이 서구 중세사회에서 선악을 이분하여, '교회는 선이고, 교회 바깥은 악'이라고 했지요. 악을 탄압하고 배척하고 파문을 시키면서 결국 사회를 질곡에 빠뜨렸습니다. 그렇게 볼 때 선도 따로 떼어놓으면 상당히 위험한 것이 될 수 있어요.

종교만 선을 독식하는 게 아닙니다. 준 종교라 할 수 있는 이데올로기도 선을 표방하거든요. 이데올로기가 빚어내는 질곡은 옛날 종교가 빚었던 폐해에 못지않습니다. 이데올로기는 선을 표방하기보다는 악에 대한 증오를 표방한다고 볼 수 있는데, 이게 또한 사람들을 대단히 경직시키고 숨 가쁘게 만듭니다. 아주 고통스러운 사회를 만들지요.

국가주의라는 이데올로기를 봅시다. 근대사회로 접어들어 국가가 형성되면서 소위 내셔널리즘, 즉 국가주의도 나타났지요. 그 국가주의가 기본 추동력이 되어서 숱한 부족과 지역들로 하여금 근대국가를 형성하도록 밀어붙였지요. 그러나 이제 디지털 문화가 나오면서 지구가 급격하게 한 덩어리로 좁혀져 가고 있는데, 이런 마당에 '지구가 무한대로 넓다.'고 생각하던 그 시대의 국가주의에 사로잡혀 있어도 될까요?

올림픽도 그런 경향을 드러내고 있지요. 인간을 경쟁이나 하는 존재로 치부해 버린다면 그런대로 올림픽도 의미가 있겠지요. '그래, 전쟁하느니 여기 모여서 실컷 터지고 깨져봐라, 대신에 밖에 나가서 전쟁은 하지

말아라.' 그 정도로 인간을 전쟁하는 동물로 본다면 올림픽도 괜찮은 것이라고 할 수 있겠지요. 그렇게 인간을 보니까 결국 선악을 기준으로 할 수밖에 없습니다. 그러나 인간이 다툼이나 하는 그런 하찮은 동물은 아니거든요. 선악을 기준으로 하면 인간이 결국 어디로 흐르게 될까요? 보통 악이 이기게 되어 있으니까 인간은 점점 더 몰락하지요. 경제 발전을 통해서 몰락하고 과학기술 발전을 통해서 몰락합니다. 이것이 범부세계凡夫世界입니다.

이번에 중국에서 북경 올림픽을 치르며 세계 제일을 지향한 총력전을 편 것 같습니다. 그런데 지구촌 사회에서 국가별로 나뉘어 각자 대립 투쟁을 하며 세계 제일을 지향한다면, 이거 심각한 문제입니다.

각국 대표들이 모였는데, 전부 다 일등 금메달을 지향해요. 일등? '세계 제일로 영토도 넓어야 하고, 세계 제일로 인구도 많아야 하고, 세계 제일로 무력도 강해야 하고, 세계 제일로 경제력이 강해야 하고, 발전 속도도 세계 제일이어야 해!' 이건 그대로 아수라판이지요. 그 아수라 지옥판의 가치관을 그대로 지닌 채 우리가 지금 지구촌 사회를 영위하고 있습니다. 게다가 그런 잘못된 가치관을 기반으로 짠 세계 질서를 항구화시키려고 합니다.

그러면서 선과 악을 논해요. '그런 가치관에 맞는 것은 선이고, 거기 맞지 않는 것은 악이다. 강대국이 자기중심으로 생각하는 것은 선이고, 약소국이 강대국의 의지나 이익에 어긋나는 것은 악이다.' 이겁니다. 각자의 입장일 뿐 참 상대적인 이야기입니다. 이처럼 선악은 상대적입니다. 전쟁하는데 쌍방이 다 자기가 선하다고 하면서 전쟁을 하잖아요. 전쟁의 합리화를 위한 명분을 그 선이라는 상대적 개념 속에서 찾지요.

참으로 미개한 사고방식이 아닐까요? 유엔에 가서 발언할 때도 내셔널리즘을 내세우는 것은 부끄럽게 생각하고 사양하는 수준이 되어야 될 텐데요. 북경 올림픽에서 보니까 너무나 당당하게 '중국이 제일이다, 금메달도 제일 많이 따야 한다.'는 식입니다. 마치 손님을 청해 놓고는 야유도 하고, 잔치 마당에 불러다 놓고는 모욕을 주는 경우나 진배없습니다.

듣기로는 이번에 올림픽 참가국들 중에는 중국이 지원해서 참가한 가난한 나라도 꽤 있다고 하지요. 그렇게 들러리를 세워놓고는 '내가 세계 제일'이라는 것을 강조하니, 약한 나라들을 철저히 기죽이는 말이지요. 너희들은 영원한 변방이라는 겁니다.

개최국의 입장에서 보면 올림픽을 열면서 얻게 되는 긍정적인 효과와 부정적인 효과가 있겠지요. 한국은 88 올림픽을 치를 때, 아마 올림픽 역사상 처음으로 손님 대접 제대로 하는 행사를 했을 겁니다. 우리 민족은 그걸 계기로 의식구조도 상당히 바뀌었고, 세계화를 위한 기초를 닦았어요. 한국 민족은 올림픽을 통하여 지구촌 사회에 대한 대비를 꽤나 많이 이루어낸 겁니다. 이번 북경 올림픽에서 중국이 금메달을 제일 많이 땄다고 하는데, 정말 중요한 금메달은 손님 대접 잘했다는 점에서 88년도에 한국이 따지 않았을까 싶어요.

여담입니다만 한국 사람들이 예로부터 손님 대접하는 건 일품입니다. 손님 대접이란 남을 자기보다 위에 모시는 자세가 근본이지요. 내리누르는 자세가 아닙니다. 누구나 일단 손님 대접을 받으면 주인이나 남들에게 무례하게 못 하고 양심상 자제하잖아요. 그게 지구촌 사회에서 필요한 자세가 아닐까 싶습니다.

이제 지구촌이 되는 마당에 국가 차원에 대한 균형

도 잣대도 없이 힘자랑이나 일삼고 그러면 안 되지요. 안데스산맥의 조그마한 나라들도 국가이고, 거대한 시베리아를 차지한 저 나라도 국가예요. 거기에다가 경쟁 원리를 그대로 들이밀어 놓고는 '내가 제일이다, 내가 너보다 강하다.'고 해요. 이왕 경쟁하려면 손님 접대 경쟁을 한다든지, 또는 '지고지순한 선을 실천하는데, 내가 일등이다.' 그런 경쟁을 해야지요.

물론 경제학에도 '악화가 양화를 구축한다.'는 말이 있을 정도로, 인간 세상 구석구석에 선을 몰아내버리고 무력화시켜 결국은 악이 성하는 경우가 많습니다. 그러한 철기 문화적 잔재를 그대로 유지하면서 지구촌을 이루고 살아간다고요? 안 됩니다. 실패하게 되어 있어요. 내가 핵무기 더 많이 만들고, 내가 더 강한 경제 대국이 되어 자연 착취를 더 많이 하는 경쟁을 하는데, 무슨 놈의 지구촌이 이루어질 수 있겠습니까? 지구가 어떻게 살아남겠어요? 이러한 선악의 개념으로는 살아남을 수가 없습니다. 이와 같이 떼어서 본 선善 역시 엄청난 폐단을 낳을 수 있습니다.

떼어서 본 진眞

　지금까지 살펴본 것처럼 서양 사람들은 선을 기본으로 했지만 불교는 진작부터 진眞을 기본 과제로 삼았습니다. 진리를 추구했고 또 그러다 보니 문제점으로 진리의 추상성을 고민하게 되면서 이를 해결하려고 노력해온 지구상에서 독특한 전통입니다.

　상대적인 미추美醜, 선악 개념과 비교해 볼 때, 진리는 전혀 다른 특성을 갖고 있습니다. 첫째, 진리는 시간적으로 항구적이라야 합니다. 항상 여일如—해야 한다는 말입니다. 오늘 이랬다 내일 저랬다 하는 것은 진리가 아닙니다. 시간적으로 항상 여일한 것이 진리의 특성입니다. 진실이라고 하는 것은 시간이 아무리 지나도 변치 않는 특성을 말합니다. 시간적 불변성, 이것이 진리의 첫째 특성입니다.

또한 진리는 공간적으로도 어떤 환경, 어떤 상황에서도 여일해야 합니다. 어떤 상황에서 성했다가 다른 상황에서 변하는 것은 진리가 아닙니다. 여기서는 참이 되는데 저기서는 그렇지 않다면 이 역시 진리가 아니지요. 시간적으로도 공간적으로도 여일하다는 것은, 바꾸어 말하면 시간과 공간을 초월해 있다는 뜻입니다. 시·공時空 안에서는 여일할 수가 없어요. 왜? 시간과 공간 자체가 항상 상대적으로 유동하고 변하는 것이기 때문입니다.

본래 시간이라는 것은 없다는 말 들어보셨지요. 하늘도 땅도 사람도 모두가 변하지 않고 움직임이 없으면 시간도 없습니다. 예를 들면 우리가 '하루'라고 부르는 것은 지구와 태양의 상관관계에 의한 움직임을 전제로

한 변화를 말하는 겁니다. 만일 정지해서 움직임이 없다면 시간은 없습니다. 즉 시간은 움직임과 변화를 전제로 하는 것입니다. 그러니 어떻게 시간 안에서 여일할 수 있겠습니까? 항상 여일하다는 것은 움직임이 없고 변함이 없다는 뜻인데, 위치 변화와 상태 변화가 무쌍한 시·공 안에서는 진리 자체가 있을 수 없습니다. 그래서 진리는 시·공을 초월할 때만 가능합니다.

그런데 우리는 시간적으로 과거와 미래를 자꾸 왔다 갔다 하면서 시간에서 헤어나지를 못합니다. 공간적으로도 '여기서는 불행하고, 저기에 행복이 있다.' 하는 식의 사유에 갇혀서는 인간이 결코 고苦에서 벗어날 수 없습니다. 어느 누구라도 마찬가지입니다.

요즈음 과학에서 불확정성 원리를 말하지요? 이 말을 전문용어로부터 끌어내어 상식적 용어로 사용해 보면 참 쓸모 있는 말입니다. 이 세상이 확정되어 있다고 생각했는데 그렇지 않다는 것이 밝혀진 셈이지요. '불확정성'이란 말이 세상이 원래 확정되어 있다고 생각했는데 확정되어 있지 않다니까 당황스럽다는 심적 반응이 내포되어 있습니다. 하나님이나 영원한 천국과 지옥이 확정되어 있지 않다니 당혹스럽다는 얘기도 되지요. 이런 문제에 대해서 부처님은 삼법인三法印, 즉 '제행무상諸行無常, 제행개고諸行皆苦, 제법무아諸法無我'로 정리하셨습니다. 이는 다음과 같은 뜻입니다.

형성된 모든 것은 덧없고 변하기 마련이다. 그리고 무상한 것은 어느 것이나 불만족스럽다. 불만족스러운 것은 무엇이건 무아이다. 그리고 무아인 것은 나에게 속한 것이 아니며, 내가 아니며, 나의 자아가 아니다.

《중부》 1권, 139쪽

그러니까 어디선가 구세주가 나타나서 '나'를 구해 주는 일은 결코 일어날 수 없습니다. 그러면 어떻게 해야 할까요? 자기 내면을 바라봅니다. 색·수·상·행·식色 受想行識, 오취온五取蘊으로 이루어진 자기를 살펴보라는 것이지요. 어떻게? '지금·여기', '있는 그대로'를 보라는 겁니다. 바깥을 쳐다보고, 바깥을 기대하고, 미래를 동경하고, 과거를 후회하는 건 바깥을 사는 것으로서 전부 부질없는 짓일 뿐입니다.

'지금·여기'를 산다는 것은 미래로도 과거로도 가지 않는다는 뜻입니다. 과거도 미래도 아닌 현재, 이것은 영원함, 즉 시간을 초월한 상태인 겁니다. 시간의 바깥과도 같은 말이지요. 지금 여기서 변하면 변하는 대로, 그 '지금·여기'를 계속 충실하게 붙들고 있으면 언제나 지금 여기이거든요. 그러면 사물과 나와의 관계가 항상 여일하지 않겠습니까.

'있는 그대로' 본다는 것은 사물의 현란한 외형적 모습에 속지 않고, 그 본질을 그대로 꿰뚫어보는 자세로 사물을 끌어들여서 본다는 뜻입니다. 지금·여기의 모든 것을 있는 그대로 받아들이는 것, 이것은 변치 않는 것과 같습니다. 움직임이 없는 것과 같아요. 따라서 나에게는 시·공이 없는 것입니다. 내가 '지금·여기'서 사는데 시·공이 무슨 관계가 있겠습니까?

시·공을 초월한 이런 성격의 진眞은 가假와 대칭되는 개념입니다. 그런데 오늘날 진·가의 구별은 그 의미를 상실했습니다. 이 시대에는 가상현실이 판을 치니까, 문명이 가상현실로 가니까, 진·가의 구별은 의미가 희석되어버리고 있어요. 예를 들면 이순신이 위대한가, 아니면 이순신을 멋들어지게 연기해 낸 배우가 더 위대한가? 말도 안 되는 질문인데도 답은 사람마다 다를지도 몰라요. 배우가 돈도 많이 벌고 고위직도 될 수 있고 사회지도층이 되기도 하니까요.

　이처럼 가상현실 시대에 진·가의 구분이 더욱 어려워지고 있습니다. 기껏 진·가를 구분한다는 것이 서양 의학이나 서양 과학주의 같은 것뿐입니다. '서양 과학은 진짜고, 유사 과학은 가짜다. 그래서 동양 과학은 과학이 아니다.' 또는 '서양 종교는 진짜고, 동양 종교는 사이비다.' '서양 의학은 진眞이고, 동양 의학은 가假다.' 하는 식이에요. 진·가를 대하는 번지수가 겨우 이 수준에 머물러 있습니다.

　'진'이 이런 취급을 받다 보니까, 진·선·미라 하지만 거꾸로 '미'가 판을 치고, '선'이 조역을 하고, '진'은 행방불명된 시대를 살고 있습니다. 진을 맨 앞에 놓고 동경은 하지만 선과 미가 가로막고 있어요. 이 시대만 그런 것이 아니고 인류 역사가 대체로 그렇습니다.

　요컨대 선악을 기본으로 삼는 태도로는 진리의 당

체에 도달할 수 없습니다. 왜 그럴까요? 선악은 나와 남의 관계를 전제로 하기 때문에 시·공 안에서 전개될 수밖에 없거든요. 그런 점에서 소위 종교religion라 불리는 것들은 시·공을 초월하는 생각을 해 볼 수가 없습니다. 시·공에 대한 개념이 발달하지 못했기 때문에 '영원'을 말해 버립니다. '영원히 천당 간다, 영원히 지옥 간다.'는 말을 예사로 하거든요. 그런데 무슨 대가로 그렇게 영원을 누리느냐? 선이란 시간적으로 상대적인데 그런 선한 행위를 했다고 해서 영원히 천국에 간다는 논리가 성립될 수 있을까요. 그건 논리적으로도 타당치 않은 사고이지요. 이러한 수준의 사고를 인류는 언제 극복할 수 있을까요.

이제 인류가 상대적 가치에 지배당하는 종교 시대를 제대로 졸업하려면 시·공이라든가 진·선·미처럼 우리 사유의 축을 이루는 언어들을 전부 점검해서 정확

하게 자리를 잡도록 해줘야 합니다. 기본 잣대가 잘못되었는데 그 자로 재어서 무슨 공평성이 이루어지겠습니까?

과거에 '지구는 무한히 넓다, 가도 가도 새 지평선이 여전히 열려온다.'고 생각하던 시절에는 선악을 기본으로 삼든, 미추를 기본으로 삼든 그 한계성을 극복할 여유가 얼마든지 있을 테니까 크게 문제 될 게 없고 따라서 어떤 주장도 궁극적 파괴력과 직결되지는 않았지요. 그만큼 그 시대에는 진리의 필요성도 그렇게 절실하지 않았습니다. 무한대의 공간이 있어서 개척하고 빼앗고 확장할 땅이 얼마든지 있으니, 그 속에서는 힘의 횡포도 상대성의 문제로 허용될 수 있지요. 심지어 '내가 너보다 강하면 내 말이 진리고 선이다.'라는 식으로 내뱉기까지 했지요. 이런 마당에는 절대적인 진리가 통할 여지가 별로 없었습니다.

그러나 오늘날 이것은 대단히 예민한 문제가 됩니다. 예전에 인간들이 지금처럼 강력한 힘이 없을 때는 아무리 힘써봐야 지구에 영향이 없었어요. 하늘이 무너지고 땅이 꺼지는 법이 없었지요. 그러나 오늘날 인간이 얼마나 강해져버렸습니까. 인간이 지니고 있는 핵만 다 터뜨리면 지구가 몇 백 번 깨진다는군요. 그러니 정말 이제는 하늘도 땅도 안전할 수가 없습니다. 그런데도 인간들은 자기가 얼마나 강력한 힘을 지니게 되었는지 알아차리지 못하고 있어요. 인간들의 의식구조는 원시시대의 경쟁 심리 그대로이고 먹고 살아남기 경쟁의 수준에 머물러 있단 말입니다. 그런 수준에서 쉽게 말해 버리는 진眞, 우격다짐식 진은 물론 참다운 진이 될 수 없지요. 그런 진의 특성은 거기선 선이나 미가 절대로 나오지 않는다는 거지요. 안 나오니까 저 혼자 따로 떨어진 셈인데 이렇게 떼어서 본 진眞의 차원에서 볼 때, 상대적 진에 입각한 의식구조는 그 폐단이 이처럼 심각할 수 있습니다.

　요컨대 진·선·미를 떼어서 보면 상상하지 못할 정도로 부정적인 결과를 초래한다는 사실을 직시하고 진·선·미를 구족하는 가치관에 눈뜨지 않으면 안 될 상황에 우리가 처해 있습니다.

진·선·미와 탐·진·치 貪瞋癡

그러면 부처님은 이 진·선·미 문제를 어떻게 보셨을
까요? 결론적으로 얘기하면 부처님은 진·선·미라는 허
구적 가치체계를 제시하지 않으셨습니다. 진·선·미가
아니라 계·정·혜戒定慧를 말씀하시고, 계·정·혜를 닦아
야 하는 근본적 이유로서 탐·진·치貪瞋癡를 말씀하십니
다. 이것이 부처님의 가르침입니다.

먼저 떼어서 본 미美, 즉 아름다움과 관련해서 부처
님은 그 본 모습을 탐貪이라고 하셨습니다. '더 아름다
워야겠다, 더 잘나야겠다, 더 뛰어나야겠다, 더 많이
가져야겠다.' 하는 것이 탐이지요. 그 때문에 무한 경
쟁의 시장을 열어가는 것, 이것이 미요, 탐욕입니다.

그럼 선善은 뭔가? 떼어서 본 선의 핵심이 진심瞋心인 경우가 많습니다. 이 진심과 진심眞心이 혼동되기 쉽지만, 오늘 이 자리에선 진실 진眞자 진심은 안 쓸 테니까 진심瞋心으로 읽어 주길 바랍니다. 진심은 성내는 마음인데, '나는 옳고, 너는 그르다. 나는 너를 배척하고 무력화시키고 소멸시켜야지.' 이런 적의에 찬 마음이 진심입니다. 선은 자기 홀로 고고한 채 악을 배척하는데, 그것은 악을 미워하고 증오하는 마음에서 나옵니다. 악을 미워하는 것도 성내는 마음입니다. 사회적인 이념들, 예컨대 민족주의는 좋고 제국주의는 나쁜 것, 혹은 사회주의는 좋고 자본주의는 나쁜 것, 이런 식의 정치적 가치 표방도 그 근원을 따져서 보면 '나는 선하고, 너는 악하다.' 하는 식의 진심에서 시작하는 것입니다. 선악을 기준으로 하면 인간은 결국 악惡에 가 있게 되겠지요. 그래서 부처님은 선과 악으로 접근하지 않고 탐·진·치의 진瞋으로 말씀하셨어요.

그리고 진眞, 부처님은 진리와 관련해서 떼어서 본 진의 뿌리가 치암癡暗이라고 말씀하셨습니다. 진리를 모르는 것이 무명無明이고, 진리에 대한 설명인 법法을 아무리 이야기해 주어도 못 알아듣는 것이 치암입니다. 소귀에 경 읽기가 치암입니다. 치암癡暗은 우리를 극단적 견해에 빠지도록 만드는 근본 원인입니다. 그런 치암이 왜 작동하는가? 사물을 '있는 그대로' 보지 못하고 진리라는 것을 추상적으로만 생각하기 때문입니다. 진이나 선이나 미나 다 추상입니다. 그런데 그 추상적 개념을 매번 쓰면서 그 추상성의 한계와 상대성을 알려는 노력을 제대로 하지 못하고 있습니다. 마냥 한다는 것이 머리를 싸매고 책상머리에서 연구만 하고 있어요. 그러니까 있는 그대로 보지 못하고 추상적인 진이나 선, 미로 빠져버리는 겁니다.

사람들이 탐욕貪慾에 물들 때는 대단히 '경제적인 동물'이 되고, 진심瞋心에 물들 때는 대단히 '정치적인 동물'이 되고, 치암癡暗에 물들 때는 대단히 맹신적이고 '종교적인 동물'이 됩니다. 이때는 '동물'이라는 말을 써야 합니다. 사람이 사람다워야 하는데 탐·진·치에 물들면 겨우 동물적 수준에 머물러버립니다.

　부처님은 사람들이 동물 수준으로부터 벗어나도록 탐·진·치와 계·정·혜를 제시하십니다. 이는 해결을 전제로 하여 문제를 가장 반듯하게 제기하신 것입니다. 문제 제기를 잘해서 법답게 만드는 것이 부처님의 지혜 중 한 가닥이겠는데, 진·선·미의 문제도 그 원인을 탐·진·치로 제기하여 계·정·혜를 통해서 접근하고 해결하는 길을 동시에 제시하셨습니다.

계·정·혜戒定慧로 접근

계·정·혜로써 탐·진·치에 어떻게 접근하느냐? 탐·진·치를 다룸에 있어서 일단 탐에서 시작합니다. 탐욕을 중심으로 탐·진·치를 다스려 나가는 것인데, 그것을 '계戒' 공부라 합니다. 여러분 계·정·혜 삼학 잘 아시지요? 그 중에 계는 계율을 잘 지켜 몸가짐을 조심하고, 말과 행동의 방식을 잘 다스려 실천하는 것입니다.

탐욕은 우리 사회의 기저를 이루고 있으며 우리 주변 어디서나 잘 드러나고 쉽게 볼 수 있습니다. 오늘날 시장 사회는 탐욕을 무한대로 부추기고 극대화시킵니다. 그것이 '미 또는 선'이라는 가치로 포장된 것입니다. 이 탐욕에 대처하기 위해서 일단 계戒를 닦아야 합니다. 계를 닦아서 시장의 충동질에 놀아나는 것을 잠시라도 멈추고 자신을 돌아봅니다. 내가 지금 뭐가 필요해서 뭘 구입하고 뭘 소모하고 뭘 낭비하고 있는지 구체적으로 돌아보는 것이 계입니다. 계율을 그냥 형식적으로 지키라는 뜻이 아닙니다. '지금 내가 뭘 욕구하고 있는지 돌아보라!' 이것이 계입니다.

그 다음이 진심瞋心을 어떻게 다스릴까 하는 접근법입니다. 탐욕이 나쁘다는 건 대개 아는데, 진심은 교묘하게 위장해서 숨어 있지요. 예를 들면 어떤 사람이 '민족주의자다' 하면 아주 존경받거든요. 외국의 침략으로부터 나라를 지켜내려는 게 민족주의인데, 그걸 온몸으로 구현하는 사람은 대단히 훌륭한 애국자다, 이렇게 봅니다.

그런데 이 애국이 진정 순수한 애국인가, 상대국에 대한 적대감의 표출은 아닌가? 애국은 국가에 대한 사랑 못지않게 적국에 대한 미움이 강한데, 그 측면은 대부분 감추어져 있습니다. 이렇듯 진심瞋心은 그럴듯한 명분으로 위장해서 숨어있는 경우가 많습니다. 그래서 찾아내기 어렵습니다. 우리가 신봉하는 기존 가치를 뒤집어쓰고 우리 위에 군림하니까 그걸 알아차려 저항하기가 쉽지 않습니다.

우리가 얼마나 기존 가치에 매몰되어 있는가를 알아차리기 위해서는 자신의 내면을 살필 수 있어야 합니다. 그러려면 정定을 닦아야 합니다. 그것도 계·정·혜를 구족한 정이어야 합니다. 그럴 때라야 진심瞋心을 다스릴 수 있습니다. 좌복 위에 앉아 마음을 고요히 하여야 합니다. 그런데 앉아보면 온갖 번뇌, 망상이 마구 일어나지요. 번뇌, 망상이 이렇게 많았는가 싶을 정도로 많이 일어납니다. 그런데 이 번뇌, 망상이 언제 어디서 시작해서 내 속에 숨어 있었던가? 가만히 보면 이게 전생에, 혹은 금생의 태중에서, 어린애일 때, 가정에서, 학교에서, 또 사회경험에서 받아온 갖가지의 직간접 교육에서 주입된 것입니다. 그것들이 나의 망상의 근원으로 내 속을 꽉 채우고 있는 것이지요.

이러한 온갖 망상 때문에 진심을 다스리지 못하니, 인간 완성의 최고 경지인 해탈解脫·열반涅槃에 도달하고 싶으면서도 '해탈·열반, 그거 해서 뭐 해?' 하는 식으로 의심과 회의가 드는 것입니다. 이 모든 것이 온통 주입된 가치들입니다. 그것들이 교묘한 논리와 명분을 가지고 그럴싸한 체계를 이루고서 내 속에 도사리고 있어서 우리가 진·선·미를 추구할 때, 이놈들이 탐·진·치로 둔갑하여 일어나 발호를 합니다. 이렇듯 우리는 주입된 기존의 견해들 때문에 자신의 향상을 막을 뿐 아니라 점점 더 오염되어 바른 견해를 가질 수 없게 됩니다.

어떤 기존의 견해나 책으로도 우리 자신을 고요하게 만들지 못합니다. 그런 견해나 책은 우리 내면을 살피고 고요하게 만드는 정定에 도움이 되지 않을뿐더러, 맹목적 가치로 무장된 탐·진·치를 부추깁니다. 아무리 좋은 책도 우리를 맹목적 추종자로 만들 수 있습니다. 종교 서적도 그렇습니다. 그러니 이념으로 무장된 전사는 될지언정 해탈·열반을 추구하는 지혜인은 될 수 없는 것이지요.

그러니까 좌복이 필요합니다. 정을 닦으려면 '책상'으로부터 '좌복'으로 가야 합니다. 책상에서 읽고 만다면 《숫따니빠아따》를 읽어도 기껏해야 부처님의 맹목적 신자가 될 뿐입니다. 부처님이 제일 원치 않는 것이 당신을 맹목적으로 신봉하는 어리석은 군상 아닙니까? 얼마나 딱한 일입니까. 부처님 당신은 그런 견해들로부터 해탈하기를 가르치시는데, 당신의 가르침을 또

다른 견해의 속박으로 만드니······.

그렇기 때문에 부처님이 '계를 닦고서 정을 닦아라, 좌복에 앉아라, 그리고 네 마음을 들여다봐라, 네 마음속에 요동치는 번뇌 망상을 살펴봐라.' 이렇게 가르쳐주신 겁니다. 좌복에 앉아 고요해지면 놀라게 될 겁니다. '우리가 진심瞋心 덩어리다.' 하는 것을 보게 됩니다. '탐욕 덩어리인 것은 말할 것도 없고 진심 덩어리구나!' 하는 것을 발견하게 됩니다. '내가 지고지순의 가치라고 생각했던 것도 대부분은 진심에서 나온 것이구나!'라고. 그렇게 문제가 심각합니다. 그것을 깨닫는 데에는 좌복 위가 아니면 안 됩니다.

끝으로 진·선·미의 진眞에 대해서 앞서 말한 바와 같이 부처님은 치암癡闇으로 그 문제의 원인을 설명하시고, 그 극복을 위해 혜慧를 닦으라고 가르치십니다. 계·정·혜의 혜를 닦음으로써 치암이 극복되면서 진리에 도달할 수 있다는 겁니다. 즉 사물을 '있는 그대로' 보도록 노력하고 그것이 잘 되면 지혜가 열리게 된다는 것입니다.

하지만 혜를 닦는다고 해서 계, 정과 관계없이 독자적으로 혜를 추구할 수 있는 것은 아닙니다. 제대로 법에 비추어 탐·진·치의 본질을 제대로 파악하여 계·정·혜를 닦아야 합니다. 그러려면 부처님 가르침의 핵심인 팔정도八正道를 따를 수밖에 없습니다. 팔정도에서 첫 항목인 바른 견해[正見]가 바로 이런 본질을 밝혀줍니다. 우리가 탐·진·치와 대결하여 다스려 나가려고 할 때, 부처님이 제시하신 혜, 즉 바른 견해를 그 출발점으로 삼아야 합니다. 요컨대 세상이 어떠한지, 인간이 무엇인지, 인간을 구성하고 있는 요소들이 무엇인지를 바로 이해하는 데서부터 시작해야 한다는 말입니다.

인간이 도대체 어떤 존재인가? 그리고 이 존재가 어

떤 방식으로 무얼 생각하는가? 부처님은 바로 이 측면에서 파고 드셨습니다. 온갖 전통적인 수행 방법을 다해 보시고 '그런 방법으로는 안 된다.'는 것을 알고 나서, '팔정도, 사선四禪'을 통해 해결하셨다고 경經에 나옵니다. 그것은 무슨 뜻인가? 진을 추구하는데 외형적, 관념적으로 하지 않았다는 뜻입니다. 그렇게 하기를 거부했고, 마침내 답을 얻었습니다. 인간이란 도대체 무엇인가? '인간은 오취온五取蘊이고 오취온은 고苦다.'라는 결론에 도달하면서 모든 문제를 풀어내셨습니다.

진을 추구하고 연구한 모든 사람들이 추상적으로 사유만 하고 말았는데, 부처님은 그 진을 깨닫기 위해서 출가하고 정진하여 마침내 그걸 깨달으신 것입니다. 석가모니를 왜 우리가 이처럼 모시느냐? 그분이 신입니까? 그분이 여러분 병을 당장 고쳐주고 복을 당장

갖다 줍니까? 복은커녕 고를 가르쳐주십니다. 그런데 '오취온은 고다.' 이 말에 고뿐만 아니라 고의 해결, 고를 해결하는 길까지 모두 다 들어 있습니다. 우리가 부처님을 숭앙하고 조석으로 예불을 드리는 것은 진리를 가르쳐주신 은혜 때문입니다.

부처님이 가르치신 진리는 사성제四聖諦, 즉 고성제苦聖諦, 집성제集聖諦, 멸성제滅聖諦, 도성제道聖諦라는 네 가지 성스러운 진리입니다. 고성제는 윤회하는 모든 존재의 보편적 특성은 고, 즉 불만족성이라는 것이며, 집성제는 고의 원인은 갈애라는 것이고 갈애로 인하여 윤회가 거듭된다는 것입니다. 그리고 멸성제, 즉 고의 소멸은 갈애를 멸하는 것입니다. 고의 소멸에 이르는 길이라는 성스러운 진리인 도성제는 성스러운 여덟 가지 요소로 이루어지는 팔정도입니다. 팔정도는 바른 견해[正見], 바른 사유[正思], 바른 말[正語], 바른 행위

[正業], 바른 생계[正命], 바른 노력[正精進], 바른 마음챙김[正念], 바른 집중[正定]입니다.

팔정도의 바른 견해가 바른 수행의 첫 출발점인 것은 다른 종교의 가르침과 확연히 구분되는 불교의 특성입니다. 예를 들면 기독교는 처음부터 신神을 이야기합니다. 태초에 말씀이 있었고 창조주가 있어요. 그런데 하느님이 있었다는 것을 우리가 확인할 길이 없습니다. 그러니까 출발점부터가 믿음을 요구하는 상상이요, 추상이요, 관념입니다. 관념으로는 고를 벗어날 수 없습니다.

'고苦', 여러분이 어떻게든 고를 면해 보려고 너무 애쓰다 보니까, 그걸 있는 그대로 보는 일이 전혀 이루어지질 않습니다. 우리는 고를 피하면서 '고' 속으로 점점 들어가는 생활을 해왔지요. 누구든 '고는 싫다, 고로부터 벗어나고 싶다.' 하면서도 스물네 시간 일 초도 어

김없이 전부 고를 증장시키는 데 바치고 있거든요. 그 얼마나 딱하고 어리석은 일입니까? 그래서 부처님은 '너 자신을 있는 그대로, 제대로 보라! 있는 그대로 자기를 보라!'고 말씀하십니다. 왜? 우리가 바깥을 볼 때는 있는 그대로를 보지 못하기 때문입니다. 눈을 아무리 부릅뜨고 아무리 현미경과 망원경을 들이대도 있는 그대로를 보지 못합니다. 비치고 인식하는 대로 볼 뿐인데, 그 비치고 인식하는 과정이 전부 제멋대로 굴절되고 변하는 겁니다. 자기를 못 보면 남도 바깥도 바로 보지 못합니다. 자기를 모르니까 고가 무엇인지 모를 뿐만 아니라 자신이 얼마나 위대한 존재인지도 모릅니다. 인간 존재가 얼마나 위대한가를 몰라요. 그런 의식 구조니까 인간이라는 기회가 제공하는 향상의 기회를 온통 망쳐버리는 것입니다.

요컨대 팔정도는 관념적인 것이 아닙니다. 팔정도의

바른 견해는 부처님이 말씀하신 진리인 사성제四聖諦를 바로 아는 것입니다. 그 첫째가 고성제苦聖諦입니다. 내가 느끼는 고통, 그건 관념이 아닙니다. 수행 공부는 내가 느끼는 고통에서부터 시작하라는 말입니다. 고苦가 '좋다, 나쁘다'라는 판단은 일단 제쳐둡니다. '내가 고통을 겪고 있다, 아프다.' 이건 관념이 아니라 진실입니다. 이 진실에서부터 시작하라는 겁니다. 그렇게 시종하면 진眞, 참을 추구하는 일이 가능해집니다. 이처럼 바른 견해를 시작으로 팔정도에 따라 계·정·혜를 닦아 나아가면 탐·진·치를 걷어내고 마침내 진리에 이를 수 있습니다.

중도中道로 진·선·미 구족

　오늘 진·선·미 이야기를 왜 하느냐 하면, 그동안 우리가 추종해 온 서양 문화가 너무 탐·진·치에 치우쳐 있기 때문입니다. 앞서 이야기 했습니다만 '진'도, '선'도, '미'도 두루 구족하면 참으로 좋은 것인데 구족을 못 하고 미와 선에 편향되어 있습니다. 아름다움에 빠져서 무한 경쟁의 시장 사회를 만들어놓고는 온 인류를 그 속에 몰아넣고 있어요. 거기는 진도 선도 아랑곳없습니다. 탐·진·치에 빠져서는 진·선·미를 구족할 수 없습니다.

　오늘날 이 시대에 우리가 당하고 있는 고苦의 근원이 바로 거기에 있다고 생각됩니다. 그 좋은 미가 오히려 엄청난 역기능을 하고 있는 놀라운 역설, 그 역설 속에 우리가 깊이 잠겨 있습니다. 그걸 어떻게 극복할 것인가? 반제국주의 투쟁을 한다고 그 문제가 풀립니까? 자연 지상주의로 공해 문제가 풀릴까요? 선악 극단의 구도로 빠져서 그 좋은 선이 이데올로기의 역기능을 초래하게 됩니다. 그것은 모두 무슨 주의主義, 편견, 치우침이 빚어내는 난센스밖에 안 됩니다. 이는 모두 사물을 있는 그대로 보지 못하고 추상적으로 관념적으로 보기 때문입니다. 이것이 치암癡闇입니다.

자연이라는 말도 관념이고, 공해도 관념이고, 제국주의도 관념이고 모두가 관념입니다. 관념으로 시작하면 끝까지 관념으로 갈 수밖에 없어서 항상 극단으로 갑니다. 그리고 극단으로 치우치면 치우칠수록 좋은 가치들을 고루 구족하는 일이 불가능해집니다. 진·선·미가 하나하나는 다 좋은 가치이건만 구족이 되지 않으니 역기능을 일삼게 되는 겁니다.

그렇기 때문에 부처님은 중도中道를 말씀하십니다. 치우치기 쉬운 우리의 태도를 중도에 입각해서 벗어나자는 말씀입니다. 중도를 말씀하시면서 우선 양변兩邊을 설하십니다. 고행주의와 쾌락주의도 양변이고, 유有와 무無도 양변입니다. 우리가 '무엇이 있다.'고 생각하는 것도 하나의 변이요 극단이고, '무엇이 없다.'고 하는 것도 하나의 변이요 극단이라고 똑같이 말씀하십니다. '유, 무가 변이다.' 그 양극단을 다 벗어나라는 것입니다. 참 놀라운 발상이지요?

중도中道란 중용中庸과 다릅니다. 중용은 기존 가치관 안에서 과過, 불급不及이 없도록 잘 조절하는 것이라 볼 수 있습니다. 중용은 과, 불급을 피해 적절한 선線을 유지해 가는 현실적 지혜, 즉 처세술에 가깝지요. 그렇기 때문에 중용은 현실주의라는 또 하나의 변에

빠질 수 있습니다. 보통 중용적이라 할 때 실제로는 현실주의, 말하자면 유有에 치우쳐 있어요. 혹은 그에 대한 저항으로서 무無라는 극단으로 가버리기도 합니다. 따라서 공空이니 무無니 환幻이니 하는 이야기를 계속하게 되고 또 거기에 빠져들어 탐닉합니다.

정定 역시 그런 경향이 있어서 두렵습니다. 그래서 부처님은 극단으로 치우친 정을 '무익하다.'고 하십니다. 극단적인 정은 불교 세계관에서 보면 무색계無色界에 빠지는 것입니다. 무색계는 시간이 느리게 흘러 거기 빠진 사람은 몇 겁을 지내놓고 나서야 '이게 구경 해탈이 아니구나.' 하고 돌아서게 되지요. 그래서 불교는 인도의 일부 요기들과는 달리 무색계를 바라지 않습니다. 색계에 몸 받기를 원하지도 않습니다. 사람 몸 받아 팔정도의 바른 집중[正定]인 사선四禪을 통해 삼계를 초탈하기를 바랍니다. 그 길이 중도입니다.

지옥은 물론이고 천상에서도 헤매지 말라는 것입니다. 사람 몸 받아 팔정도 공부해서 열반에 들라는 말입니다. 천상에 태어나면 시간이 무한대로 길어져 해탈을 무기 연기하는 꼴입니다. 거기 태어난 존재들이 할 수 있는 일이라면 불법佛法을 잘 호지하는 것이니, 그 때문에 우리가 신장들에게 경의를 표하긴 하지요. 그러나 그것이 우리의 희망은 아닙니다. 우리는 건달바가 되어서도 안 되고, 천신이 되어서도 안 됩니다. 사람 몸 받아서 윤회를 졸업하는 것이 과제입니다.

　　불교의 중도는 양변을 항상 배제하는 것입니다. 유와 무라는 극단, 고와 낙이라는 극단을 벗어나는 것이 불교의 가치이자 목표입니다. 이 '중도'의 의미를 깊이 생각해서 이 시대에 반드시 되살려야 합니다. 그렇지 않으면 치우친 서양 문화의 회오리와 격랑에 휘말려서 자기 존재마저 상실하는 결과가 되고 맙니다. 그러지 않으려면 중도를 살려내야 하는데, 자칫 관념적 사유에 빠지기 쉬운 팔불중도八不中道만 논하고 있을 게 아니라 정말 '가운데 중中'이 뭔지 현실적으로 생각해야합니다. 관념적 중도는 또 이데올로기가 될 것이고, 그러면 불교마저도 극단으로 가버리게 됩니다.

우리가 진정으로 진·선·미를 구족하고자 한다면 중도를 공부해야 합니다. 중도를 자식들이나 후배들에게도 자신 있게 이야기할 수 있어야 합니다. 그런데 오늘날 우리 사회에서는 중中이란 어중간한 것이요, 기회주의요, 회색분자의 가치로 통합니다. 어리석게도 우리는 극단적인 것을 찬양하는 황량한 지적 풍토에 물들어 있어요. 뭐든지 선명해야 한다는 식의 왜곡된 가치관에 푹 젖어 있습니다. 그러다 보니 자식들에게 가르칠 내용이 없는 것은 물론이고 기본적으로 유연성마저도 가르치지 못합니다. 유연성이 없으면 중도를 살리기 어렵습니다.

여러분, 따로 떨어진 진·선·미가 온통 탐·진·치를 부추기게 되는 폐단을 직시합시다. 탐·진·치를 극복하는 길은 바른 견해에서 시작하여 계·정·혜를 체계적으로 닦는 것이고, 그것이 어느 쪽에도 치우치지 않고 진·선·미를 구족하는 길입니다. 그 길이 곧 중도입니다.

여러분은 불교의 중도를 생각할 기회를 만난 것만이라도 감사할 줄 알고, 이 세상이 아무리 선명성을 지향하고 극단으로 치닫더라도 그것과는 거리를 두고 볼 정도는 되어야겠습니다. 오히려 회색분자, 기회주의자라는 말을 들어도 좋아요. 중도를 재음미하고 재발견해서 반드시 우리의 가치관으로 되살릴 수 있도록 합시다.

그러려면 좌복에 앉아야 하고 앉을수록 관찰력이 예민해지고 마음을 간추리는 힘이 강해져 마침내 어떤 상황에도 흔들리지 않고 어떤 변화가 닥쳐도 동요하지 않게 되니, 그것은 시·공을 초월하는 길에 들어서는 것입니다. 아직 시·공을 초월한 것은 아니지만, 시·공을 초월하는 맥락을 유지하면서 그 세계를 확대하고 있는 것입니다. 그러면 언젠가 시·공을 완전히 벗어나는 일도 이루어집니다. 그 진리의 길을 부처님이 가르쳐주셨습니다.

부처님이 누구나 할 수 있는 방법을 가르쳐주셨어요. 우리에게 항상 일어나는 한 가지 일이 있습니다. 호흡입니다. 경經에 있듯이 '지금 내가 길게 들이쉰다, 길게 내쉰다, 짧게 들이쉰다, 짧게 내쉰다.'라고 보십시오. 스물네 시간 항상 하고 있는 호흡에서 길면 긴 그대로, 짧으면 짧은 그대로 보는 훈련을 하십시오. 이 '길게, 짧게' 있는 그대로 보는 것이 혜의 싹입니다. 호흡을 보고 호흡에서 떠나지 않는 것이 정定의 싹입니

다. 거기서부터 시작하여 계·정·혜가 완성되고, 진·선·미가 구족되는 것입니다. ✳

───── 말한이 **활성** 스님

1938년 출생. 1975년 통도사 경봉 스님 문하에 출가.
통도사 극락암 아란야, 해인사, 봉암사, 태백산 동암, 축서사 등지에서
수행정진. 현재 지리산 토굴에서 정진 중. 〈고요한소리〉 회주

───── 엮은이 **김용호** 박사

1957년 출생. 전 성공회대학교 문화대학원 교수(문화비평, 문화철학)를
지냄. 〈고요한소리〉 이사.

───── 〈고요한소리〉는

∘ 붓다의 불교, 붓다 당신의 불교를 발굴, 궁구, 실천, 선양하는 것을 목적으로 설립되었습니다.

∘ 〈고요한소리〉 회주 활성스님의 법문을 '소리' 문고로 엮어 발행하고 있습니다.

∘ 1987년 창립 이래 스리랑카의 불자출판협회BPS에서 간행한 훌륭한 불서 및 논문들을 국내에 번역 소개하고 있습니다.

∘ 이 작은 책자는 근본불교를 중심으로 불교철학·심리학·수행법 등 실생활과 연관된 다양한 분야의 문제를 다루는 연간물連刊物입니다. 이 책들은 실천불교의 진수로서, 불법을 가깝게 하려는 분이나 좀 더 깊이 수행해보고자 하는 분에게 많은 도움이 될 것입니다.

∘ 이 책의 출판 비용은 뜻을 같이하는 회원들이 보내주시는 회비로 충당되며, 판매 비용은 전액 빠알리 경전의 역경과 그 준비 사업을 위한 기금으로 적립됩니다. 출판 비용과 기금 조성에 도움 주신 회원님들께 감사드리며 〈고요한소리〉 모임에 새로이 동참하실 회원을 기다리고 있습니다.

∘ 〈고요한소리〉 책은 고요한소리 유튜브(https://www.youtube.com/c/고요한소리)와 리디북스RIDIBOOKS를 통해 들으실 수 있습니다.

∘ 〈고요한소리〉 회원으로 가입하시려면, 이름, 전화번호, 우편물 받을 주소, e-mail 주소를 〈고요한소리〉 서울 사무실에 알려주십시오. (전화: 02-739-6328, 02-725-3408)

◦ 회원에게는 〈고요한소리〉에서 출간하는 도서를 보내드리고, 법회나 모임·행사 등 활동 소식을 전해드립니다.

◦ 회비, 후원금, 책값 등을 보내실 계좌는 아래와 같습니다.

국민은행	006-01-0689-346
우리은행	004-007718-01-001
농협	032-01-175056
우체국	010579-01-002831
예금주	**(사)고요한소리**

━━━ 마음을 맑게 하는 〈고요한소리〉 도서

금구의 말씀 시리즈

하나	염신경念身經

소리 시리즈

하나	지식과 지혜
둘	소리 빗질, 마음 빗질
셋	불교의 시작과 끝, 사성제 – 四聖諦의 짜임새
넷	지금·여기 챙기기
다섯	연기법으로 짓는 복 농사
여섯	참선과 중도
일곱	참선과 팔정도
여덟	중도, 이 시대의 길
아홉	오계와 팔정도
열	과학과 불법의 융합
열하나	부처님 생애 이야기
열둘	진·선·미와 탐·진·치
열셋	우리 시대의 삼보三寶
열넷	시간관과 현대의 고苦 – 시간관이 다르면 고苦의 질도 다르다
열다섯	담마와 아비담마 – 종교 얘기를 곁들여서
열여섯	인도 여행으로 본 계·정·혜

열일곱	일상생활과 불교공부
열여덟	의意를 가진 존재, 사람 - 불교의 인간관
열아홉	바른 견해란 무엇인가 - 정견正見
스물	활성 스님, 이 시대 불교를 말하다
스물하나	빠알리 경, 우리의 의지처
스물둘	윤회고輪廻苦를 벗는 길 - 어느 49재 법문
스물셋	윤리와 도덕 / 코로나 사태를 어떻게 볼 것인가
스물넷	산냐[想]에서 빤냐般若로 - 범부의 세계에서 지혜의 세계로
스물다섯	상카아라行와 담마法 - 부처님 가르침의 두 축
스물여섯	팔정도八正道 다시 보기

법륜 시리즈

하나	부처님, 그분 - 생애와 가르침
둘	구도의 마음, 자유 - 까알라아마경
셋	다르마빨라 - 불교중흥의 기수
넷	존재의 세 가지 속성 - 삼법인(무상·고·무아)
다섯	한 발은 풍진 속에 둔 채 - 현대인을 위한 불교의 가르침
여섯	옛 이야기 - 빠알리 주석서에서 모음
일곱	마음, 과연 무엇인가 - 불교의 심리학적 측면
여덟	자비관
아홉	다섯 가지 장애와 그 극복 방법
열	보시

열하나	죽음은 두려운 것인가
열둘	염수경 - 상응부 느낌편
열셋	우리는 어떤 과정을 통하여 다시 태어나는가 - 재생에 대한 아비담마적 해석
열넷	사리뿟따 이야기
열다섯	불교의 초석, 사성제
열여섯	칠각지
열일곱	불교 - 과학시대의 종교
열여덟	팔정도
열아홉	마아라의 편지
스물	생태위기 - 그 해법에 대한 불교적 모색
스물하나	미래를 직시하며
스물둘	연기緣起
스물셋	불교와 기독교 - 긍정적 접근
스물넷	마음챙김의 힘

보리수잎 시리즈

하나	영원한 올챙이
둘	마음 길들이기
셋	세상에 무거운 짐, 삼독심
넷	새 시대인가, 말세인가 / 인과와 도덕적 책임
다섯	거룩한 마음가짐 - 사무량심
여섯	불교의 명상

일곱	미래의 종교, 불교
여덟	불교 이해의 정正과 사邪
아홉	관법 수행의 첫 걸음
열	업에서 헤어나는 길
열하나	띳사 스님과의 대화
열둘	어린이들에게 불교를 어떻게 가르칠 것인가 (절판)
열셋	불교와 과학 / 불교의 매력
열넷	물소를 닮는 마음
열다섯	참 고향은 어디인가
열여섯	무아의 명상
열일곱	수행자의 길
열여덟	현대인과 불교명상
열아홉	자유의 맛
스물	삶을 대하는 태도들
스물하나	업과 윤회
스물둘	성지 순례의 길에서
스물셋	두려움과 슬픔을 느낄 때
스물넷	정근精勤
스물다섯	큰 합리주의
스물여섯	오계와 현대사회
스물일곱	경전에 나오는 비유담 몇 토막
스물여덟	불교 이해의 첫 걸음 / 불교와 대중
스물아홉	이 시대의 중도

서른	고뇸에 어떻게 대응할 것인가
서른하나	빈 강변에서 홀로 부처를 만나다
서른둘	병상의 당신에게 감로수를 드립니다
서른셋	해탈의 이정표
서른넷	명상의 열매 / 마음챙김과 알아차림
서른다섯	불자의 참모습
서른여섯	사후세계의 갈림길
서른일곱	왜 불교인가
서른여덟	참된 길동무
서른아홉	스스로 만든 감옥
마흔	행선의 효험
마흔하나	동서양의 윤회관
마흔둘	부처님이 세운 법의 도시 - 밀린다왕문경 제5장
마흔셋	슬픔의 뒤안길에서 만나는 기쁨
마흔넷	출가의 길
마흔다섯	불교와 합리주의
마흔여섯	학문의 세계와 윤회
마흔일곱	부처님의 실용적 가르침
마흔여덟	법의 도전 / 재가불자를 위한 이정표
마흔아홉	원숭이 덫 이야기
쉰	불제자의 칠보七寶

붓다의 고귀한 길 따라 시리즈

하나	불법의 대들보, 마음챙김 *sati*

단행본

하나	붓다의 말씀

소리 · 열둘

진·선·미와 탐·진·치

초판 1쇄 발행 2018년 2월 5일
초판 3쇄 발행 2022년 9월 15일

말한이   활성
엮은이   김용호
펴낸이   하주락·변영섭
펴낸곳   (사)고요한소리
제작   도서출판 씨아이알 02-2275-8603

등록번호   제1-879호 1989. 2. 18.
주소   서울시 종로구 인사동길 47-5 (우 03145)
연락처   전화 02-739-6328 팩스 02-723-9804
           부산지부 051-513-6650 대구지부 053-755-6035
           대전지부 042-488-1689
홈페이지   www.calmvoice.org
이메일   calmvs@hanmail.net
ISBN   978-89-85186-92-6 02220

           값 1,000원